U0080230

從今以後，
不再讓人隨意對待

金在植 김재식——著

陳彥樺——譯

序言

Chapter One
我們無法成為人人口中的好人

Chapter Two

致，親愛的我

Chapter Three

愛情是向那個人學習

Chapter Four
現在是自我照顧的時間

序 言

　　周遭事物在好的時候，一切都很美好。分享得越多，收穫越多的時候，我身邊聚集的人越多。

　　小時候，我家曾也有風光時期，客人源源不絕，每天家裡都鬧哄哄的。因此，我喜歡與人交流，一起分享度過愉快的時光。

　　而自從家境變得困難之後，一點都不假，所有人開始背離我們而去。只在好的時候美好，所有的痕跡如風吹拂，一下子煙消雲散。這個契機，讓我重新思考人與人之間的關係。

　　別被人們的甜言蜜語蒙蔽，不用想著成為大家口中的好人。時時刻刻不忘自我，專注於自我價值才是

最重要的。

　　牽起難，放簡單。這就是所謂的人際關係，既困難又簡單，可以很珍貴，但也可以什麼都不是。

　　所以，我們別執著於某一個人，只要對自己喜歡的人好，足矣。

　　還有別忘了，要對自己好。

金在植

Chapter

One

我們無法成為
人人口中的
好人

在一起的時候，
更孤單

什麼時候孤單會來臨？

一個人獨處時？

不，是我們在一起的時候。

孤單，

不代表一人獨處。

它彷彿某種未被填滿，

心靈缺乏的空虛症。

因此孤單時，

別倚靠他人，

為自己尋找吧！

吃你愛吃的，

穿你覺得好看的，

到一個自己心情會變好的地方。

專注於自己，

和自己度過一段美好時光。

損點做得好，
才能相約下一次

人活著，
與其不放棄，
持續迷戀，
不如做好損點，
更為重要。

迷戀，
看似掌握一切，熱血沸騰，
但只不過是使出全力地去擁有。
明知道什麼可以因努力而成，什麼不能，
但卻緊握著不放，
是它最大的問題。

失敗沒關係，
而躊躇會使你難以東山再起。

比起擁有，
更重要的是，不失去。

工作也好，人際也好，愛情也好，都有時機，
損點做得好，才能相約下一次。

我們無法成為
人人口中的好人

大家對我的議論紛紛，

大可不必認真聽。

有人看我圓滾滾，

誰說我四四方方，

都別在意。

我們不必刻意做出他人想要的模樣。

無論別人怎麼看我，我就是我，

我不可能是每個人心目中的完美之人。

人際關係是相對的，

我只需要對愛我的人，

成為他們的好人。

別只顧著付出

過大的幸福，
別太努力去一次擁有。
因為一點一點地，更懂得珍惜。

想像那個人，
快樂無比的樣子，
每次想到時，
不吝嗇向他表達吧！

人 際 關 係 的 信 號 燈

一起共度的時光裡，
每一瞬間都是一種信號。
紅燈亮起前，
會先亮起黃燈。
而在人際關係裡，
到處都亮起了黃燈。

為什麼車子不減速停止，猛闖十字路口？
因為我們自認為可以承擔得起後果。
可是若已出現紅燈，
必然需停下來。

不，更準確一點說，
各種警示皆須在紅燈亮起前
停下腳步，

注意現在的信號，
是紅燈，還是綠燈。

事故總發生在無心之際，
亂闖黃燈。
猶如莫名的戀愛自信，
或戀愛麻木。

關 係 的 安 全 距 離

人與人之間，
須保持適當距離。
此距離不是指心的遠近，
而是一個可以喘息，
以及隨意移動的空間。

每個人的距離，
可近可遠，
非為固定。

可增可減，
具有流動性，
是不讓彼此衝撞的安全距離。

若太靠近，
應對時間太短，
必然出現衝突。
雖然難免衝突，
但我們可以努力不讓它發生。
因此，人與人之間，
應保持適當距離。

想留在身邊的人

拒絕釋放壞能量的人，

勿在身邊安置太多人，

只須留積極向上的人在身邊，足矣。

分享悲傷，加深關係

什麼是好禮物？
非送者所擁有，
而是收者需要的。

什麼是好人？
非對大家都好的人，
而是在我需要安慰時，
可以陪伴在我身邊的人。

相較於幸福，
我更感謝，
和我一起分享悲傷的人。

如果有人跟你喊苦，
千萬別忽略他，

和他一起度過寶貴的時間吧！

也許他會收到，
一生難忘的禮物。
永久收藏在，
那個人的記憶之中。

努力是雙方一起

如果你有一段令人痛苦的關係，
不要一個人想要努力解開痛苦。
所謂的人際關係，
即使我做再多的努力，對方卻沒有任何想法，
反而更是一團亂。

倘若那個人不需要你，
他對你也將毫無意義。
斷絕關係或許會痛，
但該斷而不斷的關係更讓你受傷。
不治的傷口，不必留著它。

與其裝作若無其事地笑著生活，
不如好好安慰自己受傷的心靈。

若沒有信心可以一直做得好，
一開始就別假裝自己做得很好。

掌握人際關係鑰匙的方法

為了不有損失，
給多少付多少，
變得小家子氣。
給多少付多少，
不比多給簡單。

俗話說：
被打比打人更輕鬆。
如同遊戲的寶物，
與其到處撿拾，
偶爾失去，更容易升等。

留有惋惜，
施大於受，
心理負擔必然輕鬆許多。

像個傻瓜，
不想損失，
不要受傷，
不去計較，
施大於受，
這段關係鑰匙便掌握在我手中。

要留，
要走，
全由我決定。

留下真正的

曾經喜歡的，
總有不喜歡的時候。
不是因為變了，
而是人心奸詐，
時時刻刻都在變心。

所以沒必要因為花費太多心力，
因為不順心，
而傷心或難過。

原封不動留下來的才是真正的好，
不是我的，就不會是我的，
所以不用過於執著，
或在意。

不是不合適，只是不懂彼此

以為不合適，
其實是不懂彼此。
明明不懂，
卻裝作很懂而下定的結論
是不禮貌的表現。

所以？
臉上沒有笑容，
或許是他一直以來的樣貌，
也有可能是我依自己的想法看待他，
所以有了這種想法。

因為不懂，
不懂裝懂而下定的結論，
是不懂事的表現。

因此，別太早下定論，
好好仔細觀察他的原貌。

別亂說話

別結婚，
說得真輕鬆。
有很多人因為一起而幸福，
但我的人生，
怎麼可能和大家一模一樣？

彼此雖然會因為各種問題吵架，
但我們相依為命。

不能因為我的失敗，
也要別人跟著失敗，
所以別亂說話。

希望你待在我身邊時，
感覺是舒適的……

關 係 倒 塌 的 瞬 間

從天而降，
雪的重量有多少？
堆滿白雪的樹枝上，
又有一顆小雪掉落，
那一刻，雪崩塌了。

宛如我們之間的關係，
累積太多又小又輕的情感，
直到某一刻無法再承受時，
於是倒塌了。

忽略的那些小事，
互相留下銳利的傷痛。

要痛一起痛嗎？

我都這麼生氣了，
你為什麼不生氣？
我生氣的時候，
你應該要和我一起吵，
真心無法理解你。

我沒話說，
不代表真的沒有話要說；
我不生氣，
不代表我沒有生氣，
要我跟你一樣大聲怒罵，
是因為你覺得自己成了壞人吧！
我痛苦，
所以你也要跟著痛苦，對嗎？

繼續移動才不會跌倒

若不安於現在，
勢必該有行動，
明明有該做的事情，
一而再再而三延遲，
持續擴大自己的不安，
是不對的。

關係到他人的話，
更應該如此，
層層堆疊的誤會，
彷彿難以尋覓的化石，
留下深深的傷口。

無事先定好的答案

跟那個人交往，別跟這個人來往，
我想與誰交往，不必聽隨他人。

我想找的人，
我最清楚，
我和他，
是什麼關係，
由我判斷、選擇。

聽從他人意見，
來判斷一個人，
誰也見不了，
到最後，
無法得知自己的交往標準。

世上沒有完美，
也沒有最適合我的人，
僅此互相努力，
創造彼此的這段連結關係。

共同的努力
促使我們發光

永恆不變，
非是美，
唯美不變，
最珍貴。

雖說初心不變，
但經歷歲月後的我們，
有那份彼此磨合的心意，
一起共度美好的時光，
將讓我們的生活變得更加珍貴閃耀。

那個人不傻

一個人的貪得無厭，
只懂接受，不懂感恩，
視為理所當然，
固然會為了一點小事而傷心。

看不到努力的那個人，
因自我的貪欲，搞砸彼此的關係。

我的幸福應由我來，
誰也不能代替。
若不能給予，
也不該沉溺於接受。
不是因為他傻，所以愛你，
而是因為愛你，所以裝傻。

該懂得拒絕

做不到，
又或者不想做的，
別因他人請託而猶豫。

答應了，
不會成為善良人。
有一就有二，
若非喜歡，
必須當下拒絕。
這才是守護彼此關係的方法。

現在留在我身邊的人

回頭看看，
我是怎樣的人？

無能實現的愛情，
與人之間的關係，
毫無意義的悔恨湧現，
想起我那幼稚的模樣，
真是羞愧。

已離太遠，
我想對那些記不住，
與我擦身而過的人們，
說聲抱歉與謝謝。

現在我最該做的是，
好好對待仍留在我身邊的人，
努力留存彼此的記憶。

體 貼 留 在 心 裡

與其選擇花言巧語，
彷彿他要將全世界給你，
不如選擇笨手笨腳，
懂得小而巧的體貼且為你著想，
這樣的人更好。

話一說出口，便消散。
但對你的體貼將留在心裡。

不是你的就不是你的

人與人之間的關係，
即使時光流逝，
不是你的就不是你的，
不變的，
就只是不變。

越期待，期待越大；
越等待，等待越久，
受傷的永遠是你的心，
最後僅會留下一顆關上房門的心。

確實扶好，跨越過去

討厭卻裝作沒事；
喜歡卻裝作不是。
喜歡就喜歡；
討厭就討厭，
說清楚較好。

誠實表達與行動，
我們的關係更加確實。

就這次的謊言

一次的謊言，便永無止境。
因為一個謊要用另一個圓謊。
能否承擔後果，不得而知。
不逃避，誠實說出口，
事情便能一次解決。

我的心情更重要

我說過的話，做過的事，
對方怎麼想？
揣測太久，
沒有任何意義。
已經過去的事，
不必留下無謂的迷戀。

傷害對方的心情，
不是一件好事，
但過度自我檢視，累的是自己。
一起共度的時光裡，
沒發生問題，便是沒問題。

過去的事，
無須反覆思索。

靜靜待在身邊

當有人對你，
說他很痛，
你別跟他說，
我懂什麼是痛。

因為他想要的，
是你傾聽他的故事，
而不是，
聽你說你的故事。

安慰，
不一定要說話，
安靜待在他的身邊，
便能成為力量。

即使在我身邊，也有可能不是我的；
即使在遠方，也有可能是我的。

聯絡次數不代表關係尺度

經常聯絡，
不同等於愛我。
有些人會空出時間，
做那些無謂的聯繫；
但也有些人久久一次，
共度一段深聊的時光。

人心不與聯絡次數成正比，
並非我和你的次數相同，
你和我的心意才會相同，
與其在意聯絡的次數，
在未聯絡時，能夠信任更為重要。

所以說，
別以聯絡次數測量關係尺度。

脫離傷口，自由

受傷這回事，
別想得到補償，
也不要去想，
報復那個傷你的人。

與其想得到補償，
報復那個傷你的人，
不如脫離傷口，
獲得自由吧！

內在的堅持才是最重要的

有問安的對象，
是一件值得感恩的事。

每天早晨一封訊息，
祝今天過得幸福；
祝今天過得感恩。
不知道哪裡拍攝的，
也不知道是誰拍的鄉村花朵照片裡，
充斥形形色色的閃耀文字，
每天早上收到問候圖。

儲存一張某處拍的照片轉傳給他人，
除了自己之外，
同時似乎向所有人發送同一張照片，
如同收到一封垃圾信件的感受，

某刻起，便不再點開，
不斷增加的未讀數字，
看不慣，所以看也不看地點掉。

過了一年，
兩年，甚至三年，
雖然習慣了，
但他每天早上堅持的發送訊息
真是厲害。

比起內文，
堅持不懈的動作更令人感恩。
這才發現，
也許這是那個人的自我表達方式。
即使是超市店員，

對客人同樣的問候，
每次不可能都說一樣的話。

現在，偶爾會回覆了。
平時不常說出口的話，
現在會已讀後回：
「爸爸，祝你今天也過得幸福快樂。」

懂氛圍的人

說些令人笑不出來的話，
看到對方不笑，則辯解說是開玩笑，
若造成對方心情不好，
那不該笑著說是開玩笑，
而應向對方道歉。

講自己過去以往的陳事
說好聽是給我的建議。
而我想要的是，
你聽我說，
非我聽你說。

只是對他好，不夠

當你懇切愛情之時，
你非真想和他在一起，
你只是害怕失去了他。

因為你知道珍寶，
比起擁有它時，
失去它的喪失感更嚴重。

所以在人際關係裡，
對他好固然重要，
但千萬別忘了冷靜，
他隨時都有可能離你而去。

請別為思念那人而傷心欲絕。
或許，有另一個人正在思念你。

周圍的家人朋友足以豐富人生

人和人之間的緣分，
綁了一條看不見的線，
因此，與人之間的緣分，
經常纏繞打結，
不易維持。

捆綁的這些關係，
不用猶豫糾結，
你與那些人的關係，
對他人既無危險，
他們亦看不見，
只有自己知道，
由你主導掌控。

若錯誤的緣分，
令你痛苦走不下去，
果斷切開吧！
你的緣分不是為了別人，
只為了你自己。

時 間 有 限

其實不必忙碌，
花費太多時間與人交際。

想與你共處的人，
別拒於千里之外。
離你遠去，說討厭你的人，
放他走自己的路吧！

人際是資產的一種，
但重質不重量。
不必每個人都喜歡你，
懂你的人只需要一位。

時間有限，
別散落在各地，
將所有時間交給，
那個懂得珍惜你的人吧！

沉默不是金

在人際關係之中，
失去信任，
是沉默的開始。

不願將事情鬧大，
或不想與他產生衝突，故而不說話的那一刻
對方因為你的想像與不安，
很有可能產生其他誤會與憤怒。

若不願斷失這段關係，
主動靠近他，
面對面溝通是最好的辦法。
如不是重大過錯，
情形沒你想的那麼糟。

不合拍也沒辦法

與其努力去改變不會改變的，
不如配合我能配合的，活得更輕鬆自在。
好比說，改變自己難，
要求他人配合簡直強人所難。

請不要浪費心思在一件不可能的事情上，
給他機會，對他產生期待，最後換來落空與失望，
只要接受對方的原貌，對方也會接受你。

不合拍，那也沒辦法，
我都改變不了我自己了，
又如何自私地改變他人。

別假裝

沒有就沒有；
不懂就不懂，
說話誠實一點。

沒有卻說有；
不懂卻裝懂，
人活著沒有比這更痛苦的事，
若說沒有、不懂，
而被輕視，那便可不必再與這人相見了。

沒有卻硬要分享，
不懂卻想要幫忙，
脫離這樣的人，
生活雖然會少了些什麼，但你會更幸福。

好好區分該放下
與不該放下的人事物。

喜歡聽話的人

說太多話，
是因為話沒有份量，
所以多說多錯。

愛講話的人，
看似自私，
回頭一想，話多的人
是因為想法多。

說太多話，
無論話者或聽者皆疲倦，
故，聽話的人比多話的人更受人喜愛。

拒絕忍耐

倘若，
不能認同那人的原貌，
但我卻，
期望那人接受我的一切。

彼此，
雖然稍作讓步與理解，
但若遲遲無法縮短間隔，
是該回頭了。
不會的，不會的，
自以為的忍耐，久了依然不會痊癒。

彼此相處的時光，
若不幸福，
如同活在地獄之中。

這不是甲乙方問題

喜歡的，
不敢說喜歡；
討厭的，
不敢說討厭；
想要的，
不敢說想要；
不是的，
不敢說不是。

說不出，
誠實的內心想法。
想說卻說不出口的關係，
雖存活，
但與死亡無兩樣。

我也有可能是壞人

和陌生人見面，
彷彿一段旅程。

在鬱悶疲倦的日常生活裡，
突然想離開到其他地方去，
或想與人創造美好回憶時，
我們經常會去旅行。

在那段時間裡，
偶爾會過得比預期來得好；
而有時會因意料之外的事，
吃到苦頭。
無論如何，我們都是想藉由幸福快樂，
獲得需要的能量。

可是，不管那段時光過得如何，
當一結束旅途，疲倦不斷湧出。
我們為了生活，吸取需要的能量，
但也為此花費了另一種名為努力的能量。

留下來的是片刻的記憶，
有些地方留下深刻的好印象；
有些地方再也不想去。

有些地方無論何時去都是棒的，
可是不會有一個無論跟誰去都很棒的地方。
愛情亦是如此，
無論何時對我來說都是很棒的人，
但他不可能的是，
對每個人來說都會是很棒的人。

對我來說，他是壞人；
對他人而言，他不壞，
同理可證。

最重要的是同心協力

望著同一地方，
走向同一條路，
卻以不同的心境生活，

即使在一起，
仍各走各路。

望著不同的地方，
走向不同條路上，
但以相同的心境生活，

即使距離再遠，
仍走在同條路。

所謂的一起，
所謂的生活，
便是努力地，
同心過著各自的生活。

問題可能出於我

身處於異地，
最重要的是，
時時刻刻，
先對人微笑打招呼。

在泰國與當地人聽的第一堂課，
與陌生人一起共處時，
自己覺得尷尬，
這裡的人反而，
也因我的尷尬感到不自在。
與當地仲介聊天時，
問到學校生活過得如何
雖然不知道是否為錯覺，
但人們似乎對我產生戒心。
並不是很愉快。

對於我的回答，
仲介要我主動微笑打招呼。

無論見到誰，
別擦身而過，
笑著對他打招呼，
一開始可能遭人忽視，
久而久之，
總有一天他會看見你的笑容，
回應你的招呼。

打掃阿姨或警衛伯伯，
不管是誰，主動微笑打招呼，
萬一在異地發生困難，
或需要幫助的時候，

他們都會願意幫助你。

不花錢，
又能融入人群，
想在異地好好生活，
沒有比這更好的辦法了。

聽完後，想了想，
為了在異地生活，
我的表情可能不友善，
故對方待我也不友善，
原因出自於我。

他們臉上的戒心，
或許是，

我對他們展現的樣子。
一般人都想從外部找尋原因，
結果到頭來，問題根源是我。

隔天，尷尬地笑著對他們打了招呼，
因而結交了一起打鬧歡笑的朋友，
主動微笑，心情上輕鬆許多，
感受滿滿的幸福。

言語不會消散，留在人的心中

人與人的關係，
旋起風暴的，
往往不是什麼大事，
而是那一刻看不見，
立即消失的那句話。

說出口的話，
雖然會黯然消失，
但卻在看不見的地方，
烙印在某人的心中，
旋起風暴。

荊棘刺向他人般的言語，
吞下肚，便消失了；
一旦說出口，則飛得更高，

深深地刺入胸口。

人一生不可能只說好話，
但請吞下批評他人的話，
唯有如此，自己才不會也中了其他人的箭靶。

傷人的毒舌

習慣那個人，
對你的傷害，
不知不覺間，
你同樣習慣傷害另一個人。

原封不動地接受對方的給予

因為生氣，
所以怒罵、批評，
氣仍然不得消散。

因為那不過是將責任歸咎於對方，
指責他人以示自己的對，
裝善良而生活罷了。

既然討厭，離開便是；
不想見面，那就不見，
一直看著討厭的人事物，
對他生氣，
只會讓自己的心生了病。

刺人的話，同樣會刺向自己。
傷了他，也傷了自己，
願大家別害人害己。

另寫記憶

很奇怪吧？
我們不記得傷人的話，
卻記得自己受傷的話。

Chapter

Two

致，
親愛的我

中樂透，亦需要努力

每個禮拜買樂透的我，
突然有人問說買樂透嗎？
感覺隨口問問，
簡單回他說偶爾會買，
卻得到意外的回應。

想要中樂透，
持續買可以，
但金額不要大，

不買樂透，
每天卻說能中樂透就好了，
真是奇怪，
世上沒有白吃的午餐。

所以你想中樂透的話
一千韓圜、五千韓圜，
持續買才有機會中獎。

這世上，
努力總會有所點收穫。

致，親愛的我

全壘打最多次的選手，
也是最常被三振出局的選手。
此外，固然四號是團隊的重要打手，
但他十次裡通常三次以上才上壘一次。

大家說他打得好，是最棒的選手，
也不是百分之百完美。
競賽中，比全壘打更為重要的是，
安打製造機會，
努力延續機會。

人不必太完美，
不需因結果而傷心。
生活的重要一刻，
專注，以及盡全力，
這樣就夠了。
機會還會再回來的。

大致愛

可以不必用力愛，
放下也沒關係，
別再因陷入愛情而失去了自我。

內涵勝於外表

越是無能的人，
遞出的履歷內容越長。
越是沒得炫耀的人，
更是自豪一些沒人知道的事。
認為順序排列很重要的人，
自我介紹的時候會說：「我是某某的代表。」

越沒自尊的人，
越是重視自我包裝。
聽他說話，
便可知曉他的自尊狀態。

外表不重要，
重要的是內涵。

不是懶惰，是厭倦

你不是懶惰，
只是厭倦了。
熟悉後變得緩慢，
曾經的愉快消失，
雖然知道該怎麼做，
但有時候什麼也做不了。

漸漸無力，
厭煩與人見面，
彷彿這世上的任何事皆無趣，
雖然還活著，
但難以入眠的夜晚，
真希望天色永不亮。

你不是懶惰，

只是心痛了。
付出的努力，
結果不得意，
彷彿一切都毫無意義。
你不是懶惰，
只是憂鬱了。
什麼也不做，
卻悶悶不樂，
那就出來和人見面吧！
那個人可以是親人，
也可以是陌生人。

人們，
因人憂鬱，
也因人治癒。

突然昏倒的人，
要對自己進行心肺復甦術，
不可能。

但可以在昏倒之際，
好好照顧自己。

不因徬徨，
失去所有。

心靈也需要洗手間

不想引起騷亂，
裝作無事，
壓抑、驅趕衝動，
忙於生活。

以為忙碌，
就能忘卻。
於是不斷認識新朋友，
扛起自己難以勝任的工作，
阻擋所有，
不得不存於，
隙縫間的小小情感。

暴風前夕雖孤寂，
仍與心平氣和的景象不同。

牢牢壓抑的情感，
直到爆發的那天，
我也不知道自己能否承受得住。

灼熱的情感，
若不能時時刻刻發洩，
還是需懂得適時清空。

壓抑情感生活，
對自己一點幫助都沒有。

隧道不過是通道之一

人活著總會經過一段，
看似永無止境，
不見前頭光明，
黑暗的長隧道。

要再走多遠才能看見光芒，
需要再忍耐多久呢？
若能知道就好了。

即使茫然無知
我們仍能戰勝痛苦。

可以戰勝痛苦的原因，
不該是因為時間與距離，
而是因為我們堅定相信
隧道僅是通道之一，
其盡頭必然會有另一世界。

理解比離別更難

理解難？
還是離別難？
若不能理解，
終究是離別。

離別難，
但也別因為這樣，
忍受各種的不理解。

分手沒有錯，
忍受不理解，
是錯的。

請記得，
任何決定都要以自己為主。

偶爾變成一個沒出息

圓滾滾，油腔滑調，
隨波逐流過生活，
與其受到傷害，
不如活出自我。

地球是圓的，
但世上的一切不一定要是圓的。
各自依照自己的形貌，
堅守各自崗位生活就好。

優 點 也 有 可 能 是 盲 點

優點好，
缺點壞，
別這麼說。
人生有時，
優點會是缺點，
缺點變成優點。

有人說優點要凸顯，
改掉所有缺點。

但有些人認為的優點，
可能是人生的絆腳石，
他人覺得的缺點，
或許可以讓自己變得幸福。

人人皆有優缺點，
該怎麼生活，取決於自己。

氣氛突然冷清的理由

欣賞美好的事物，
突然卻拐彎抹角，
製造冷清的氛圍，
我不過就是我罷了。

情感是消耗材

別浪費情感與時間，
在與自己無關的人和事。

我的關心，
對他而言沒什麼用處，
反而讓自己心情不好，
影響一整天。

看看自己今早的心情，
想想要吃什麼、做什麼？
問候好奇近況的朋友，
豐富你的一天。

別去窺探他人生活，
專注過自己生活吧！

沒份量的建言，
就放著讓它過去

與其努力讓別人愛你、接受你，
不如自己先照顧自己。
反正那個對象不斷會換，
當你對自己坦然時，
將會有人愛你、接受你，
成為那個人寶貴珍惜的存在。

處理離別的方式

現在，
該完完全全為自己過活了。

做想做的，
買想買的，
努力成為，
更美好的自己。

已離開的人，
與其想著報復他，
不如讓自己變得更好。
為自己而活，
讓自己遇見更好的人。

別躲在陰影裡

請不要背光走，
孤單地背著光，
總有一天會吞食在黑影裡。

向前看吧！
那些只屬於你的光芒，
自豪都來不及了。

別回頭，
不用去看自己的黑暗面。

花朵不是在看我笑

偶然遇見，
一朵不知名的花朵，
正在笑。
正確來說，
不是花朵在看我，
是我笑著看花朵，
內心溫暖了起來。

樹大根深的人

不想順著風吹，
搖搖晃晃地失去重心，
希望能像個年輪一圈又一圈，
屹立不搖站在那的樹木，
一人獨處，守護屬於我的位子。

想幸福時，值得閱覽的文章

想幸福時，

我們卻遺失世上最珍貴的東西。

追求幸福，首先該找的是，

世上最珍貴的，自己。

世上沒有完美，
唯有自我滿足。

懷疑前，先說一句辛苦

已盡全力生活，還是不滿足，
或許是因為人們眼光高、貪心。
但該做的都做了，
你已經是最棒的自己。
應該好好稱讚自己的辛勞。

沒有人是平凡

當你不想過得平凡時，
便開始拿出自己，
與他人比較。

明明對那人不熟，
卻將他人的生活代入自己的生活，
期望自己過得跟他一樣。
但我們該做的是完成今日工作，
與身邊的人一起共度時光，
在日常生活中找到小確幸，
全神貫注於自身，
忠實自己的生活，
平凡地過生活。
別與他人做比較，
我就是我，
自己過得好就好了。

一定要顯現出來才知道

有事，
裝沒事，
不會好。

有事，
就要說，
才會好。

因此，
別裝作沒事，
有事的時候，
必然要顯現，
有事的樣子。

過低評價比過高評價好一點

無須誇大自己，
但這總比貶低自己來得好。
人的價值沒有一定答案。
而且誰也不能評價他人的價值，
所以相信自己的可能性吧！

致，不愛自己的我

期望他人，
對我關心，
我卻不關心我自己。

期望他人，
微笑待我，
我卻自己失去笑容。

期望他人，
親切待我，
我對自己卻不親切。

期望他人，
真心愛我，
我卻忘了愛我自己。

不顧自己，
我卻希望，
他人呵護以及愛我。

裝扮漂亮的方法

越長越醜，
是因為心術不正。

不懂得安慰自己，
常自我承擔過錯，
忙著生氣與自責，
荒廢不顧你自己，
又怎能展現出自己好的一面。

不花力氣也能裝扮的方法，
就像戀愛中的人最美，
帶點愛意，對自己說，
「沒關係，一切都會變好」。

沒時間是因為沒心

因為痛，很痛，
所以離開這地方。
在陌生之地，
遇見陌生的我。

雖不怨恨自己，
但從未聽過自己心聲的我，
在這獲得慰藉。
曾經沉默不語的我，
想對曾經忽視的自己說：
一直以來未能好好照顧你，
對不起。

沒關係，
現在你充分與自己相處，

這樣就足夠了，
可以回去了。

於是，我原諒了自己，
明白生命中最珍貴的東西。

不關心是因為沒有了愛，
所以喜歡一個人，對他一定會有關心。
辯解自己忙於生活沒空照顧自己，
但不過是把精力都花在非自己的事物上。
我最懂我自己，
我因為是我，所以知道我沒事。

若不懂和自己安靜獨處，
又如何與他人共度生活。

因此，請別吝嗇自己，
隨時停下來檢視自己。

照顧好自己，
等於照顧好身邊所有的人際關係。

別太努力要人愛你，
那只會讓自己受傷。

沒有人比自己更能給自己幸福

不要把自己的生活寄託他人，
自己主宰自己的生活吧！
越是倚靠，
越是空虛，
越是寂寞。

不是每一個人都會認同你，
放下那顆，
希望大家都愛你的心。

主動展露笑容，
望著我的那一方，
也會以開朗的笑容迎接我。

我 的 選 擇 是 對 的

生活沒有正確解答。
我認為是對的，那便是對的。

即使那個選擇，
結果並不好，
它沒有錯，
只不過，
少了一點滿意。

因為是我

與其想著自己能夠幸福，
不如期望自己活出自我，
幸福不是追著這兩字跑，
幸福來自於因為我是我。

珍惜原貌的人

當你珍惜某個事物時，
你便成為珍貴的存在，
因為能看見美好事物，
你就能一起變得美好。

照你的想法走就行了

認為不能，當然不能；

因痛苦而放下，便也回不去了；

認為不行，當然不行；

覺得做不到，理當做不到。

放任心靈存額的方法

想笑就笑，
想哭就哭。
累了就休息，
若不知辦法，
暫緩也可以。

不隱藏、不忍受，
身體發出來的信號，
反映真實情感，
心才不會故障。

時間不是解藥

雖然人說時間是解藥，
一切都會過去的，
時間可以解決所有事，
但能做到或突破這件事的，是你自己。

Chapter

Three

愛情是
向那個人學習

我 想 要 的 愛

我們的愛，
希望不要像一鍋水，
沸騰得太快。

不冷，
不熱，
溫溫的，
稍稍無趣了一點，

但希望我們可以，
保持恆溫。

確保溫度維持，
有時候要加熱，
以防冷卻。
希望我們可以，
彼此溫暖擁抱，過生活。

即 使 成 為 更 愛 的 那 一 方

哪怕是一瞬間，
你我靈魂交換，
希望我可以更懂你的心。
其實，捫心自問：

我真的有信心嗎？
若你我交換靈魂，
不是你更愛我，
而是我更愛你，
那我該怎麼辦？

誰比誰愛誰，不重要。

最重要的是我們相愛的事實。

這樣就足夠了。

人心時時刻刻在變，

別在乎不可親眼所見的大或小，

而是為了彼此，長久陪伴在身邊。

什 麼 模 樣 都 喜 歡

不洗頭髮，綁得亂糟糟；
穿著邋里邋遢的衣服；
光著雙腳，勾著拖鞋的你，
看你這副模樣說可愛的我，
你問我：我這副邋遢樣，可愛？

無論你什麼模樣，
你就是你，永不變。
這也代表你和我相處是輕鬆自在，
換句話說，我值得你信任。
感謝你懂，
懂我是那個讓你展現原貌仍不變心的人。
打扮雖然漂亮，
但我更愛你輕鬆自在的模樣。

要你主動先說

你喜歡我嗎？
嗯。
你是不是喜歡我？
是，喜歡。

開始好奇一天要問好幾次的這些話了。
為什麼一直問？
什麼為什麼？嫌我煩？
不是，我只是不懂你為什麼要一直問？
上一秒喜歡，下一秒你可能就不喜歡了啊！
且你從未曾主動說過喜歡我。
縱使問過了，我還想再聽一次啊！
聽你說我喜歡我。
嫌我煩，就主動說喜歡我。

送你回家的路上

送你回家的路上，
連開車都有點遠的距離，
我卻以喜歡散步為藉口，
和你走了很長一段路。

所有一切都很愉悅，
一路上，笑聲不斷。
我想就這麼樣地，
和你一起手牽手走下去。

謝謝你愛這樣的我

雖然你笑著說，
到哪都找不到，
像我這樣的人，
因為我，我們相遇。
但其實我們都有感覺，

我們都知道，
我對你；
你對我；
彼此相愛。

所以我愛著，
獨一無二的你，
而你愛著，
這樣的我。

我 們 呼 喊 的 愛 情

激昂澎湃，生怕出錯的心情；
想一起共度美好時光的心情；

雖沒有詩意般的技巧，但想要說話好聽的心情；
為了某一人準備什麼東西的心情；

壓制怒氣，對你笑的心情；
覺得不該這樣，但尊重你的心情；

雖辛苦，但祈求你幸福的心情；
偶爾想要不管，卻放不下的心情；

長久想守護在一個人身邊的心情；
一個人為另一個人的真誠與努力，

這就是，
我們呼喊的愛情。

如你的季節

你走向我時，
彷彿一陣風，
當我的生活被你填滿時，
我這才知道春天來了。

人生的春天，
彷彿歷經炙熱的夏天，
多采多姿的秋天楓葉般的美麗。

我們互相倚靠那份溫暖，
一起度過嚴冬。

偶爾說話不著邊際

充分可以感受得到，
偶爾說話不著邊際，
說愛我，足矣。

這話雖簡單，似乎理所當然，
但它能讓我感受到你的篤信，
拉近我們之間的距離。

瑣碎但真實

手機裡的相簿，
看著它笑了一陣子。

相較於那些，
為了上傳拍的照片，
日常隨手拍的瞬間，
更令人愉悅。

那一剎那有趣的表情，
惡作劇般模糊的照片，
不炫耀，
最原始，
這是唯我們彼此看得到的，
幸福時刻。
雖然光線稍微不足，

角度不對，或鏡頭晃到，
但卻是我們最誠實的模樣，
更能帶來深厚的感動。

因為知道不能永恆，
所以心急如焚。

愛情困難的原因

愛情困難，
是因為沒有正確答案。
若有答案，便簡單許多。
但偏偏愛情無正解。

雖然你可能在愛情上有天分，
但也是需要經歷過才會知道。
即使有天分，
仍須花費許多時間熟能生巧。

持續碰撞感受才會知道，
這樣才會有屬於你自己的戀愛方式。

不期望火熱

愛是什麼？
絕對不是那種身體突然發熱的愛，
那符合你想要的，
又照我的心情來的，這是愛嗎？

傾聽我說的話，
總是站在我這邊，
無論開心或難過都會先想起的人。
煩惱我們該如何攜手共度，
長長久久走下去的人。
生活確信的人。
這就是我想要的，
我想要成為那種人。

講求當下勝於遙遠未來

若欲走得長久，
便要一點一點分享，
因為這樣，
越有想要繼續走下去的心情。

思念，
同於思考，
越思考，
對他的愛越深。

與其因為長久的熟悉感，
熱忱消失，距離漸疏遠，
故而流下冰冷的眼淚，

不如在每個生活時刻，
迫切地思念你，
流下溫暖的眼淚，
更是幸福。

我想要去愛現在的你，
不說我們遙遠的未來。

說話要好聽的理由

不期待什麼，
特別偉大的禮物。
一用就不見的物質，
雖然帶給我瞬間的笑容，
可從你口中說出，
活著的意志，
要活下來的理由，
可能是剎那的聲音，

卻是令我心跳加速，
你真心的，
一句溫暖的話。
所以，不要跟著心情說話，
養成說話好聽的習慣吧！

決定不去斷定

無論是什麼，若非要拋棄，
請勿隨意斷定它為好，
特別是戀人之間。
你就是這樣的人，
這樣自以為都懂的揣測，
令人難以繼續延續話題，
也許就此停止，
這段期間你對我做的努力。

可以做得更好，
想要做得更好，
要是覺得失去，
被認可的機會，
還能說什麼，做什麼？

努力不去討厭

我懂了，無論對他多好，
都不能獲得一個人的心。
因為我愛他，
所以我想對他好。

但願能擄獲他的心，
無私的奉獻與照顧，
最後只不過是把自己獻給了他。

愛情不得單方通行，
我喜歡，我做得好，
他仍沒理由喜歡我，
對我好。
覺得不應該，
那就該停在適當的界線。

對他用情越深，
傷害也會越深，
過得越久，
遺忘的時間越長。

況且，越想被他愛，
越更是怨恨他。

破過一次的碗，
難以黏貼恢復

愛一個人，比起和他分手，
更難的是維持現在的關係。

頻頻放開的手，重新抓回，
但這也許就是再次痛苦的理由。

愛的表現

喜歡一個人，
不丟臉。
在喜歡的人面前，
害羞是正常的。

我的心意，
那個人不接受，
不丟人。
躲在背後守候，
還沒表白就結束，這才丟人。
一時的傷痛，
時間過了就沒事，
迷戀，
久久不見，留在深處。

愛是發現

因為愛，
所以一切妥協，
兩人關係不會好。

誠實表現自我，
彼此接受彼此，
便開啟一段好的關係。

並不需要，
拋棄自我，
配合他人。

有誰能衡量？

害怕閉上眼，
是因為深愛之人在身邊，
輕鬆閉上眼，
是因為充分了解這份愛。

唯獨可惜的是，
我未能給他足夠的愛。

倘若希望在離世時輕鬆閉上眼，
那就充分去愛吧！
也別對自己收到的愛感到抱歉。

因為我們各自都燃燒生命去愛了，
沒人可以衡量誰多誰少。

懷抱著愛過或仍愛著的那顆心，

安詳入眠。

誰也不敢對那顆心，

指手畫腳。

本 性 難 移

珍惜的，
喜愛的，
都看得見。

愛情真不易，
因為從對我的，
態度和語氣，
眼睛看得見。

但看似非似的，
無論他是否真心喜歡我，
最難懂的是我自己。

若自己不覺得被愛，
便不是愛。

然而，
對這人或那人訴說時，
需要猶豫嗎？
需要給點時間嗎？

人不變，
不過是裝作變了。

雖然愛情永恆，但是人不會永遠。

盡全力，不後悔

你知道嗎？
交往時，
盡全力對待他，便不後悔。
奇怪的是，用盡全力愛過後分手了，
卻一點也不覺得累。

交往期間，各種都嘗試過後，
若到了盡頭，這些一點也想不起來。
因為我與他交往時，
將分手後會留下的情感，
一併發洩了吧！

假如真的喜歡他，
那就盡全力好好對他，
不留任何情感地！

絕非因為愛而痛苦

送走讓我痛苦的人，
才能遇見給我力量的人。

不要因為愛，
承擔所有傷痛，
如果持續受傷，
那便不是愛。

明明不幸福，
不應該抱持會變幸福的希望，
即使苦，現在幸福
才能懷抱希望生活。

若不是非他不可，
無須迷戀他。

倦怠期

專注於某件事的時候，
什麼聲音都聽不見。
當心有所動搖的時候，
開始看見除了我以外的事物。

我在你眼裡的位置不重要，
因為你總到處把我放在看似不錯的旁邊作比較，
一下子中間，一下到角落，
又或者是前面或後面。

所以說，
現在可以放我走了嗎？
各處打量我，你應該很累，
但我也一樣累。

沒別的理由

我愛他，
他為什麼不愛我？

真是自私又令人不解的想法啊！
我愛那個人，
與他愛我一點關係也沒有。

誰說喜歡我，
我就一定要喜歡他？

我 不 乞 求 你

我想停止，
不再為了不傷到你，
而傷了我自己。

人雖不變，
但你連一點對我的照顧都沒有，
實在難以讓我理解與承受。

我期望的不是你將我當作好人，
只是希望你能愛我罷了，
我也想要被愛。

而現在，
我再也無法忍受自己，
乞求你愛我的樣子。

當時應該就這樣算了

因為愛，
而將你優先擺在我前面，
我絕不會幸福。

不能容忍，
卻一點一點讓步，
在連接彼此的關係橋梁上，
一層一層堆疊，
直到承受不起時，
瞬間倒塌。

雖早已料想，
但不可預測的瞬間崩塌，
留下深深的傷口。

無須非他不可，

大部分都是人生經過的人，

一個人奮力愛，乞求愛，

傷的只會是自己。

他不是沒有時間，
只是沒了心。

看似愛情，但非愛情

因為愛所以不想錯過，
糾纏是一種執著，
執著不因任何人的強求，
而是因為我的心。
無論是幻想或虛幻，都無法放手的理由，
是因為我相信那是我生命的全部。
無法承受消失不見的痛苦，
縱使知道是錯的，仍放不開手。

所以說，執著很可怕，
若將執著賦予意義，痛苦隨之而來。
愛情不該是痛苦的，
自己製造的痛苦，那不是愛。

一個人站在空曠的田野裡

我知道，
你不是故意傷我的。
僅不過，
我對你而言，不是重要的存在。

你曾經一個人，
站在空曠的田野上嗎？

一點點的風吹草動，
都能讓我春心蕩漾。
我一直在那個位置，
卻沒人願意守護我。

但這都沒有關係，
我無法承受的是，

看不見你。

等著等著，太陽下山，
什麼都看不清的夜晚來臨，
那時，你可能找不到我。

而我仍隨黑暗移動，
懇切展開新的一天。

我 沒 那 麼 愛 你

當時我還不懂，
說因為你對我太好而有負擔，
是什麼意思？
感謝你那麼努力愛我，配合我，
其實這都隱藏著深意，

那就是，其實我沒有那麼愛你。
往好想，至少未利用我的真心
仍是有良心的。

但可以不要再給負擔，
就此離開好嗎？

磁 鐵

背對背的我們，
不自覺吸引在一起，
互相愛情告白，
成了最親密的關係。

當我們越來越像，
變成同極磁鐵後，
便互相越推越遠。

再也不能彼此吸引。

我們分手的真正理由

互相磨合，
以為這是愛情，
但是也許，
我們都在期待對方是命中注定。

一開始，
我努力變成符合你的那個人，
但也許，
我期望未來往後你來配合我。

自己對自己好，別傷心

愛得深痛，
因為單方的悸動與愛，
不為自己，只為那個人，
耗盡所有情感與時間。

空虛期望那個人回頭看看，
受委屈而哭的我，
只會讓我跌得更深。
因為雙向愛情裡，
沒有我的位置，所以心痛。

不要一個人對他好，
自己傷心。
單戀，
傷的總是自己。

很久以前的離別

等待，
對每個人來說，
一分一秒，
都不能夠忍受，
但那是我對你的渴望。

當等待變成理所當然，
自然會熟練地，
放下你。

於是，長時間的盡頭裡，
我可以拍拍屁股走人了。

對你來說，也許覺得突然，
但我已等待很久了。

我愛過你嗎？

我何時愛過你，
不記得了。

相愛的記憶，
當我遇上另一個像你的他，
又遇上另一個像他的他，
漸漸模糊了。

我曾對你說過沒有你活不下去的話嗎？
曾經我夢想過與你在一起到永遠嗎？

陌生愛情，
是因為做太久的夢，
愛情總是像場夢，遙遠。

彷彿從夢中清醒，

上一秒的歷歷在目，

下一秒再也記不起。

沒有人擅長愛情，
只有長期努力經營愛情的人。

現在該放手了

別誤會。

選擇那個人，
要愛他，
都是你自己的決定。
你不應該，
向他乞求，
必須愛你，
往後也是。

無論一開始是從哪一刻，
感覺到你對他的愛，
若你不能全心全意，
愛現在的他，
別要求他配合你，
放他走吧！

或許這對彼此，
是更明智的選擇。

即使是糾結在一起的線團

你要執著，
抓著心弦不放到何時？
如今要鬆開，
卻不知道從哪開始纏繞？

到底這樣多久了？
怎麼解都解不開。
看不見盡頭的恐懼，
突然產生膽怯。

放著，
永無止境；
剪斷，
停止糾纏。

雙方皆成反方

不聯絡是因為沒關係了嗎？
想要讓自己變得沒關係，所以不聯絡。

曾經相愛的兩人，
怎麼可能只有一人受傷，
恢復完全之前，
彼此各自都需要一段時間。

不怎麼好的問候

一句過得好嗎，猶豫許久回答「嗯」。
在重新遇見你之前，我很好，
但現在，我突然變不好了。

春天來了

辛苦等待，
一個不會來的人，
請告訴自己不要再等了。
他有說好會回來嗎？
他是笑著離開的嗎？
都不是的話，
何必像個傻瓜，依然守在那。
你應該已經懂了。

我只不過是，
要釋放最後的迷戀，
才有辦法重新站起。
雖然離開的人再也不會回來，
即使不等待，春天一樣照來，
你應該也懂。

消逝前，請用盡全力地愛我。

只是入場的差異

離開的人冷漠，
留下之人熱血？

離開的人沒事，
留下之人傷痛？

離開的人壞蛋，
留下之人善良？
離開的人微笑，
留下之人哭泣？

離開的人無懸念，
留下之人在思念？

離開的人該不幸，
留下之人該幸福？

永不離開他，
留在他身邊，
連個不字，
都不敢說。

誰都有可能是離開的那個人，
也有可能是留下的那個人。

只不過因對方是誰，
而有所不同罷了。

你是否也睡不著覺

好奇沒有我的你，
是否會過得很好。

正常吃飯過生活，
宛如一切都沒有發生，
與人談話說笑。

曾與你一起走過的家前巷口，
會不會有那麼一點想起我。
你是否也因雜念而睡不著覺。

所以說，
如此擔憂你的我，一點也不沒有關係。

偶爾會想念你

不為愛努力，
沒人強求你。
不打賭誰比誰愛誰，
我們只是認真對待彼此罷了。

炙熱的愛情裡，
雖然酸甜苦辣，
但亦留下「回憶」兩字。

不知何時會消失的思念
偶爾會想念你。
那些美好記憶，
留下抱歉的心情。

我們愛過了。

回憶會走到最後

真的愛一個人，
時間長短不重要，

比起在一起的時間，
回憶更深刻，
直到離世為止。

關上門，不讓你進來

下雨，
我將門關上了。
不讓你進來，
我將門關上了。

不讓傷心，
潤濕我的房，
我關上了門。

但你，
卻更用力地，
敲我的門。

無數雨滴，
壓垮身體，
叫醒了我。

雨聲停後，
你的痕跡，
以為消散，
留下迷戀，
慢慢流逝。

他一點消息都沒有的原因

若遇見你，
想問你過得好不好。

即使無意間從他人聽見，
你過得很好的消息，
我還是想聽你親口說一次。

但突然間，
我好奇自己是否真的想知道你的消息？
不論過得好與不好，
現在都與我無關了。

所以，我倒著想，
我該怎麼說明自己的生活，
是過得好？還是不好？

雖然過得不好，但我應該會說我過得好。
對你來說，現在我好與不好都與你無關。
我們成為互不相干的陌生人，好久了。

但願你仍在同一片天空下的某處，過得好好的。
依稀薄弱的過去因緣，
想起當時的淺淺情感，

也就是說，
拋下這些無意義的想法，
我決定不再，
好奇你是否過得好。

決定了，
沒有消息，
就是好消息。

冬天再次來臨

彷彿來了又走的秋天，
對我而言，你是這個季節。

秋天傷心的理由，
是因為讓人呼吸急促的炎熱夏天走了。
就連樹木都換了衣服，揮著手。

田裡成熟的稻草，
也搖擺舞弄。

宛如來了又走的季節，
你也就這樣走了。

愛過之後，
冬天再次來臨。

穿上漂亮的衣服，
歡笑揮手，
隨著秋風走了。

愛過之後，
又是冰冷的冬天。

現 在 是
自 我 照 顧
的 時 間

對自己問好

不要做他人喜歡的事；
穿他人覺得漂亮的衣服；
心念他人說過的話。

總有一天，
你可以做你覺得幸福的事；
穿你喜歡的衣服；
不斷與自己對話。

今天過得怎樣？
最開心的事是？
什麼事做得很棒？
有沒有該要注意的？
對自己問好，
溫暖地擁抱自己。

人們，
不關心你的生活。
所以只要隨心情，
照自己的內心走就可以了。

回頭一看，是我自己毀了自己

搞砸生活的理由之一是，
放不下某處。

可惜付出的情感與時間，
所以即使再累再痛苦，
仍然無法停下來。

明明可以起身往別條路走，
最後還是撐到盡頭結束。
明知道卻放不下，最終留下的僅是悔恨。

僅不過尚未看見

國小二年級秋天午後，
一個人趴在房間床上，
閱讀數學時下定的決心，
至今仍無法忘記。

嗯，我讀不下去了。
那天我決定放棄讀數學，
蓋上書本後，
再也沒讀過一次數學。

可是我也不愛國語，
也不看漫畫或電影，
我喜歡一個人聽著音樂，
看著天空陷入沉思。
與其花費力氣去做不會的事，

不如別勉強自己做不愉快的事。

因此，偶爾我會陷入深思，
想著「我會做的事是什麼」，
不去想「我能做好什麼事」。
二十歲後的茫然未來，
成為現實的恐懼迎面而來，
這般無能的自覺，
也許是讓我更努力生活的推力。
有時，人們見到我，
為我拍手叫好，
但外表的優雅之下，
腳不知道亂踢了幾下，
沒人想看。

人只看自己想看的，
照自己的想法去想，
說自己想說的話。

但坐在咖啡廳寫文時，
剎那間，靈光一閃，
原來繞了一大圈路啊！
小時候曾夢想，
畫畫寫文，
但非原意的，
我正在做自己想做的事。
乍然，過去辛苦的時光，
有了那麼一點安慰了。

我現在執筆，
但不一定能永遠執筆，
唯不讓自己在這裡倒下，
日復一日努力生活。

所以，希望你，
別因還未看見夢想的時光，
便放掉這條因緣線。

不必因現在做不到，
焦躁、失望，
或自我嘲諷。
最重要的是，別討厭自己。

想清空大腦想法時

心中無存雜念，
至少心中平靜；
想得太多，
不會變得更好。

沒用的擔憂，
纏著纏著，
事不成的恐懼，早已佔滿大腦，
還有繼續煩惱的意義嗎？

想太多的時候，
別倚靠酒精或朋友，
自己一個人好好待著。

實在停不了，

走出家門，
看看遠處，
想到累了，
抱著一顆沒有明天的心，
好好睡一覺。
明天絕對會是晴朗的一天。

怎麼可能不害怕？
只不過是因為多提起一點勇氣罷了。

人 這 一 生 ， 媽 媽 說 過 的 幾 件 事

這世上，擁有十項才能的人，
是最需要擔心飯碗生活的人。
擁有過多的才能，
在他人眼裡或許很厲害，
但本人卻因為無法集中一件事，
到處遊走，浪費時間，
最後沒有一件做得比他人好，
得不到飯碗。

與其想做很多很多事，
不如長長久久地，
做自己喜歡的事吧！
剩下的都當作興趣。

別隨身帶著武器，

再生氣，若沒有武器，
忍一忍就過了，
但有了武器，便會使用它。

他人說的好聽話，聽聽就好。
人們說好聽話，
可能是想利用人的好心情，
沒必要因為那些話得意，
不要配合拍子隨之搖擺。
最懂我的是我自己。
只看好的一面，
聽正向的話吧！
隨著人心裝載的東西不同，
觀看的世界亦不同。
說話嚴厲與破壞心情的壞消息，

走得太近的話，
世界將變得黑暗。

別追著我喜歡的人，
去找愛我的人吧！
若能遇到這樣的人，
要好好珍惜與感恩。

根據我怎麼做，
那個人會有所不同。

請回到幸福的那時

「請回到幸福的那時」，
究竟幸福不在這，
在另一個地方嗎？

若現在不幸福，
即將成為過去的今天，
最後仍會是不幸的一天。

因此，幸福應當下，
倘若現在過得不好，
就只能回憶幸福的那時。

事後回首這一刻，
成為過去的這段時光是否幸福？
若現在不幸福，

將永遠無法回到幸福的那時。

唯有現在幸福，才能回到幸福的那時。
幸福不該從遙遠的過去尋找，
願各位都能幸福當下。

風告訴你的故事

風吹。

這段悲傷的日子，
風吹來，揮揮手，
輕聲細語地說沒事，
你挺過來了。

因為這些試煉，
造就了我，
能夠活在這世上。
風不因阻攔，
而消失。
全身去迎接它吧！
悄悄放下，
走出屬於我的路。

沒事的，

即使因為風大看不到路，

看不清自己的生活，

但依舊可以找出屬於自己的那條路。

因為看不清，

所以它必然在某處，

你一如往常做得很好，

我也要相信自己，走出一片天。

風是這麼說的。

零狀態，未滿

所謂的幸福，
不就是到了夜晚，
躺床一秒睡嗎？

不被明日的煩惱所困，
也不因與誰之間的複雜情感，
充滿不安的狀態。

沒有多，
也沒有少，
完全的零狀態。

安心入睡的夜晚，
這就是幸福，不是嗎？

我們活著卻不懂幸福的原因，
是因為我們總是徬徨四顧。

焦躁不安是習慣

喘息的動線規劃好了。
明明是脫離現實，
想暫時休憩的旅行，
不知為何我們在旅途中，
總是積極地移動。
大概是一種壓迫感吧！
譬如規劃好的時間內，
要比他人做更多的事。

這樣有錯嗎？
給自己一個限定時間，
努力地過生活，
又是另一個成就感，不是嗎？

這非對錯，
不過是每個人的生活態度罷了。

但為什麼我如此不安，
不安於什麼事都不做。

回首想念的那個時節

能有想念的時節，
是件幸福的事。
因為明白再也回不去，
感到更是哀切。

不過，千萬不要，
太過迷戀那時節。
充分享受，
未來將會懷念的今日吧！
足夠遺忘，
今日想念的那個時節。

馬上百分之兩百幸福的方法

希望不要去想像還未到的時光；
希望不要去懷念已流逝的過往。

不對無法擁有的事物留下迷戀，
不要提前害怕未知的事情。
活在當下，
守護現在身邊的人。

跨出第一步後便能知道

與其做一個茫然未知的夢，
不如感謝今日一整天；
與其眺望遠方，
不如從近處找尋希望；
與其煩惱往哪走，
不如專注當下。

一步一步跨出去，
便能得知，
想往哪走，正往哪走。

無須一次擁有太多，
無須拚命地推卸，
我想要的，
總是在身邊近處。

當時，它是最好的

現在，回首過往，
當時真像個不懂事的傻瓜。
但這不過從現在的角度。
當時那是最好的選擇，
後悔是愚昧的行為。

給自己時間

有關係，
那就有關係；
痛就給它痛吧！

再努力，
有關係不會變得沒關係，
痛不會變得不痛。
放著它，
會變好就會變好，
沒事就會沒事。

所以，
仍然有事，仍然很痛，
這是沒辦法的事。

有時候，迴避走為上策

在這世界過得很苦，
是因為你的視野狹隘。
努力找會讓心情變好的人，
聆聽積極正面的消息吧！
根據你的身邊事物，
世界會變得很不一樣。

遇見心力交瘁的人，
聽見令人傷心的話，
別花費心力在與你無關，
不知道也罷的事情身上。

從我不需要的事物之中，
獲得自由吧！
闔上眼，搗住耳朵，閉嘴！
充分享受美好時光，
將能遇見更幸福的自己。

照自己的原貌，走向幸福

有些人為愛而活，
有些人為錢而活，
不能說誰傻，
各自的生活，各自的選擇。

若能自我滿足，
幸福則在不遠之處。

親近之人與遠離之人

和說話正向的人親近吧！
對於我的選擇，
會說「做得好、會做好的」，
便有動力開始。

然，對我提出「是這樣嗎？」
兩手交叉質疑我「這有困難唷！」
告訴我「他所認識的人也沒能成功」，
反倒成了我猶豫的助手。

獲得少也能自由

不要去想著擁有太多，
擁有多少，
則需要守護多少。
若不能好好負責照顧，
乾脆不要擁有它，更幸福一點。

擁有太多，
相對地，失去的也多。
與其守著無法自我承擔的，
努力過生活，
不如不擁有不失去，
做什麼都自由一些。

過度擔憂，
不過是讓自己現在過得毫無意義的疲憊。

一切不能照自我意思走的時候

世上不僅有我一個人，
所以怎能依照自己的意思在這世上生活呢？

我沒有理由喊苦責怪這世界，
因為我比任何人都更不盼望自己過得不幸。

每個人都有自己的喜怒哀樂，
許多人都討厭著他人生活，
我希望我能與身邊的人，
嘻笑過著幸福的一天。

所以，別埋怨他人浪費時間，
多花一點時間在自己身上吧！

往後看，無法向前走

老是想起過去，
是因為現在的不幸。
回想過去的好日子，
安慰自己；
或者，回想過去的錯失，
後悔惋惜。

回首過往，
有一定的必要，
幫助現在的自己做出更好的選擇。
但，現在羈絆過往之事，
往後的時光不會變得更美好。

若現在覺得不幸

幸福是什麼？
守護那些該有的，
都待在他該在的位置。
除了這，還有什麼是幸福嗎？
與親愛的家人們，
平安無事地生活，
這生活真令人感恩啊！

雖然不斷地找尋快樂，
努力擁有光鮮亮麗的新事物，
但在擁有時視為理所當然，
一旦失去，才發現它的珍貴，
幸福就是如此近，我們卻不自知。
為了找尋它而辛苦地徘徊。

只做能做的事

浪費時間，做事拖拖拉拉，
陷入焦躁與不安，
不僅於此，
更什麼事都做不好。

因為討厭或做不了，
別拖延，乾脆放棄吧！
越拖越被時間綁綑著手腳，
心情焦慮度過時光。

不想做的事，不去做也沒關係。
什麼都不想做，什麼都做不了，
雖然什麼都不做，一開始會感到不安，
但不如一邊休息，一邊做自己能做的事，
好好照顧自己的內心更好。

每件事都是另一個開始的過程

回到那時，
可以做得更好，
這樣的想法毫無意義，
因為回到那時，
你還是當時的你，
我還是當時的我，
結果不變。

現在的我是現在的我，
現在的你是現在的你，
即使我們重新再來過，
什麼也不會改變。

現在的我們，
回憶當時的我們，

不可能重新再來過。
因為沒人記得的傷口，
將又被另一傷口覆蓋。

過去的事讓它過去，
惋惜就讓它惋惜，
這不過是，
另一開始的過程罷了。
無須羈絆過去，
而錯過了現在。

記憶留在腦海裡，
回憶就是只是回憶，
放下那段時光，
繼續生活吧！

說出口就好的話

小時候看見「做了就能成」的文句，
總懷疑「真的嗎？」
做了就能成，那還有什麼不成的嗎？
難道沒有什麼事是做了也不能成嗎？

長大之後，常聽到人說「成了就做」，
真的可以成，那就去做吧！
然而，說出此話的假設結論是這事成不了。
不曾試過，也不想去做，
成了就做，難道不是什麼事都做不成的藉口？
還未開始就想獲得結果是好的保證，
這是不對的心眼。

難道知道結果是好的，
會更努力做嗎？

反正結果都會是好的，
來自於「成了就做」的想法，
於是不管怎麼做都不會成。
但人總將事不成的原因歸咎於他人身上，
失敗或出錯的時候，
為了不讓自己成為傻子，到處找尋藉口。

另外，所有事不可能無條件成功，
沒有做了就能成的保障，
偶爾還站在懸崖邊拚盡全力，
不確實帶來的懇切，
反而讓事情做成了。

因此，開始做一件事的時候，
與其相信別人說自己能做到，

不如本人自我檢測。

自我判斷「做了就能成」，
從過程中的困境脫穎而出，
即使失敗，也不後悔。

在擁有的時候對他好

與相愛珍貴的人，
現在必須在一起的理由，
因為我們沒有約好的明日。

雖然如同月落日升，
理所當然地過生活，
但這一刻，沒人可以知道往後的事，
只不過還未發生，
所以你現在還在我身邊。

於是，有空的時候，機會來臨的時候
為了自己與珍貴的人，行動吧！

不渴望無法擁有的事物，
感謝現在擁有的一切。

守護比獲得更重要

人活著，
比擁有更重要的是，
不失去；
比前進更重要的是，
不停止。

別因想擁有而停下來，
躊躇徬徨，
別因想走遠而拋棄我，
活在痛苦裡。

希望你永遠，
守護著我，度過每一天。

叫做忘卻的禮物

記不起來，
也許是好事。

若忘不了，
則無法擁有新的開始。

成為大人的大小事

過得好嗎？
怎麼過的？
偶爾我會問自己，

回首從前，生活並非滿足，
雖留有後悔，但卻沒有時間後悔，
於是我問自己，
現在該怎麼做？

未來將更美好，
拚命奔跑的現在，
我是以什麼的模樣，往哪走？
停下來，問問自己。

硬撐的生活裡，

真想放下一切，大喊萬歲。

真的好想一逃了之，
再也看不到前方，
失去方向，該往哪去。

迷路的大人，
與迷路的孩子相比，
更恐懼與悲傷。

孩子迷路時，可能會哭，
一定會有人照顧那孩子，
也會有另一個人著急地找，

但大人即使哭了，

誰也不會照顧，
也不會有人告訴他方向。

大人迷路，
彷彿失去了人生。

假如你失去了方向，
必然需要自我開闢新路，
與其左右搖擺不定，
不如重新在白紙上畫出一條路。

所以，我想帶領自己，
待在一個沒人認得的地方，
放下一切，重新開始。

當然，放下一切，
到一個不曾去過的陌生地方，
沒那麼簡單。

但你知道，越想越煩惱，
時間會綁住自己的手腳，
雖無謀，但果斷，
放手一搏，訂張機票離開了。

一定可以的！
當你在躊躇的時候，時間照樣流逝，
萬一不是你要的地方，再次調整不就好了。
成為大人，要懂得為自己負責，
所以這世界的所有大人朋友們，
都在陌生路途中。

假設句不具任何意義

若做了什麼事，會怎麼樣？
若這麼做了，會不會更好？
無論做了什麼，與其後悔，
不如想想現在該做什麼選擇，
會有什麼樣的未來。

落葉與秋風

落葉紛紛時，人們上山，
就像落葉不抱怨秋風，
只要能一起度過美好時刻，便可。

先試試看的決心更重要

想著一定要做得好，
反而活在不安的孤獨裡。

做任何事都不想要有失敗，
完美結束一切。
就連人與人之間的關係裡，
不犯任何錯誤，
一點細節問題，耿耿於懷。

活得太過完美，
只會陷入自責，
規範嚴格規定，
將自己關起來。

每個人都有一顆想做好的心，
但若太過於敏感，
身邊留不住人。

做得好，
和過得好，是兩回事。

真正的過濾方法

做著不幸福的事，
與不幸福的人交往，
卻想找尋幸福，
幸福不該用找的，
而是自己創造的。

無論他人說什麼，
我做我想做的，
與自己喜歡的人交往，

就夠自己應付了。
別想做太多，
別放太多人在自己的身邊。

專注於自身，
珍貴的人們永遠會留在你身邊。

一 期 一 會

任何東西都無法補償，
再也回不去，是時間。
我們在一起的寶貴時間，
不會再來第二次。

Let it be

不動搖，
比堅守更重要的是，
順應流動變化。
花費心思在過去的傷痛，
或迷戀過去的光環，
而不能直視現在的自己，
將不能好好活在這世代。

雖然活在這世上，
卻過得像另一個世界。

別花費心思，好好享受吧

與其努力做某件事，
不如製造新的挑戰，
專心享受它吧！

那個人同樣不完美

幸福也好，成功也好，
各自有各自的標準。

看著別人，
想要擁有自己沒有的，
那不過是貪念。

我有我的幸福，
我有我的成功。

無須因他人的幸福與成功標準，
動搖自己的心。

現在是自我照顧的時間

不過度貪欲，
無法擁有的事物。
感謝現在擁有的，
仍舊留在身邊；
不自我埋怨，
無法做好的事情。
認同這段時間的，
努力付出與辛勞。
希望你今天，
珍惜度過一天。

希望你別再花費心力與時間
對無法擁有的事物感到委屈，
對無法做好的事情感到自責。

國家圖書館出版品預行編目資料

從今以後，不再讓人隨意對待 / 金在植著；陳
彥樺譯. -- 初版. -- 臺北市：平安文化有限公司,
2022.6　面；公分. -- (平安叢書；第0719種)
(UPWARD；130)
譯自：좋은 사람에게만 좋은 사람이면 돼: 지금
은 나를 돌보는 시간, 내 마음대로 행복해지기
ISBN 978-986-5596-87-3 (平裝)

1.CST: 修身 2.CST: 人際關係

192.1　　　　　　　　　　　　111007399

平安叢書第0719種

UPWARD 130

**從今以後，
不再讓人隨意對待**

좋은 사람에게만 좋은 사람이면 돼: 지금은 나
를 돌보는 시간, 내 마음대로 행복해지기

좋은 사람에게만 좋은 사람이면 돼
(YOU DON'T HAVE TO BE NICE FOR EVERYONE)
Copyright © 2020 by 김재식 (Jaesik Kim, 金在植)
All rights reserved.
Complex Chinese Copyright © 2022 by Ping's
Publications, Ltd.
Complex Chinese translation Copyright is arranged
with Wisdomhouse Inc.
through Eric Yang Agency

作　　者—金在植
譯　　者—陳彥樺
發 行 人—平　雲
出版發行—平安文化有限公司
　　　　　台北市敦化北路120巷50號
　　　　　電話◎02-27168888
　　　　　郵撥帳號◎18420815號
　　　　　皇冠出版社(香港)有限公司
　　　　　香港銅鑼灣道180號百樂商業中心
　　　　　19字樓1903室
　　　　　電話◎2529-1778　傳真◎2527-0904
總 編 輯—許婷婷
執行主編—平　靜
責任編輯—陳思宇
美術設計—木木Lin、李偉涵
行銷企劃—鄭雅方
著作完成日期—2020年
初版一刷日期—2022年6月

法律顧問—王惠光律師
有著作權・翻印必究
如有破損或裝訂錯誤，請寄回本社更換
讀者服務傳真專線◎02-27150507
電腦編號◎425130
ISBN◎978-986-5596-87-3
Printed in Taiwan
本書定價◎新台幣380元/港幣127元

● 皇冠讀樂網：www.crown.com.tw
● 皇冠Facebook：www.facebook.com/crownbook
● 皇冠Instagram：www.instagram.com/crownbook1954
● 小王子的編輯夢：crownbook.pixnet.net/blog